大楽天主義

しあわせの羅針盤

青木 盛栄

明窓出版

人とは本来 明るい生きもの
太陽の恵みを受ける 明るい生きもの
明るい生きものが 暗いことはおかしい
人は明るい生きものなれば
すべてがうまくいく
明るければ 健康も発展も繁栄もできる
暗いから病《やまい》になり 発展もせず繁栄もしない
本来 明るいものは明るく生きる
それが自然であって
大自然の想いでもある
たえず 朗《ほが》らかであり
たえず 笑顔
大楽天主義

目次

第1章

幸せのリズム

探し求めた幸福は
己の心のなかにある
心が幸福をつくるのだ

人は、悩み苦しみのなかで生きていると思い違いをしていることが多いが、本来、人に与えられた生命《いのち》とは悩み苦しみなどはいっさい存在しないものである。

しかし人は自分にとって善いか悪いかですべてを判断しようとするから、悩みが生じ苦しみも生じる。それは大自然、宇宙のなかの波動、宇宙のリズムとは異なった生き方であり、それ自体が不幸の原因なのである。

人は大宇宙の波動のなかに生かされてあり、大宇宙の粒子である酸素を吸い呼吸をし生かされてあるのだ。だからこそ人は大宇宙の法則に自分を照らし合わせるべきである。それは**「人は人のためにあり」**という法則であり、それが間違いのないものである以上、その法則に基づき人生を生きるべきである。

人は人のためにありという絶対的な法則がある以上、人は自分のために善いか悪いかで判断し悩み苦しむのではなく、人の喜びのために自分があるのかどうかを今一度しっかりと見極めるべきである。

自己の都合を優先させるから
都合通りにいかない
自己中心的思考は
自然の思考とは異なるからだ

普段、何気なく使う言葉ひとつにしろ人のためにあると言える。その言葉とは、自分の自我で発するのではなく、人のために使ってこそ本物の言葉である。それが法則である。

善い言葉とは「人の喜びにつながるための言葉」「人の心の糧《かて》となる言葉」をいう。

世の中には「因果応報《いんがおうほう》」という言葉があるように、すべてにおいて原因があり結果がある。ゆえに自分の発する言葉ひとつにしても幸せの原因となるのか不幸の原因となるのかが決まる。

やはり人である以上、幸福な毎日を求めるものである。求める以上、人は大自然の周波にあった生き方をするべきである。なぜなら人は自分の力で生きているのではなく、生かされているからである。

生かされている以上、人は生きる努力をするべきである。

法則により人は生かされているのだから、法則をまず知り、法則に頼り、法則を信じきり、その法則に従い生きるべきである。それが人に幸福をもたらすのである。

「明るい楽しい、善いことのみの日々《にちにち》を心に決めよ、決めた通りになる」これもすべて心の法則である。心に決めた通りに実現していくのがこの世の中である。

心に善いことを決めていればいいが、悪くなることを決めていては、そのように悪い結果があらわれるのである。ならば善い想念を自分の心に決めるということが第一に大切になるのである。

善い未来とは、自分の意識が善いのか悪いのかで左右されてくるから、善い想念を持つことがまず大切である。必ず「自分の未来は幸せなのだ」と決める。その決めること自体、必ず実現していくのである。法則とは、人として幸せに生きるためにあるのだ。

人はもともと幸福である。発展し繁栄し、そして健康であり平和である。それが人の本来の姿である。その姿が宇宙のリズムなのである。それ自体を信じ、**「自分の未来は幸せなのだ」と心に決める。**決めた通りに実現していくのだから、必ず善い想念を持ち、それを揺るぎないものにすべきである。

人は善くなりたい、善くなろうと思いながら、片方ではそれを否定するような「しかし、でも」という言葉を使う。その「しかし、でも」それ自体が自分の幸せになれる意識、自分を幸せにする未来を否定している。否定するから、そのようにその通りの人生がある。

人は未来をすべて予測できるのならよいのだが、人には未来というものを予測することはできない。だからこそ善い未来であることを心に決めなければならない。決めることによって、心の色質が明るい白色光粒子《はくしょくこうりゅうし》に満たされるのである。

幸せだ 健康だと
想えばよいではないか
それを人は
望んでおるのだ

人の生命《いのち》の源《みなもと》、魂《たましい》自体、光の白色光粒子である。しかし過去からの陋習《ろうしゅう》意識や先天性の遺伝意識のなかには、暗湿粒子《あんしつりゅうし》であるものが多い。

それを自分の意識であると思い違いをすることが多いが、心とは魂であり白色光粒子であるから、そのまわりに付いた自我、暗い言葉、暗い暗示は自分の意識ではない。自分の本物の意識とは明るい魂なのであるから、過去からの自分を幸福にできないような言葉は切って捨てていくべきである。

しかし過去からの意識は習慣性であるから、ふとした油断や、ふとした隙《すき》に、パッと過去の意識が出るものである。

心の法則とは「明《めい》善《ぜん》愛《あい》信《しん》健《けん》美《び》与《よ》」であるから、パッと出た過去の意識は、この心の法則であるのかどうかを自己分析すべきである。その意識が反対の「暗《あん》悪《あく》憎《ぞう》疑《ぎ》病《びょう》醜《しゅう》奪《だつ》」であるなら、その言葉が自分を不幸にする意識なのだということをしっかり自覚することが必要である。

何気なく使っていると、そのまま知らず知らずのうちに暗い言葉や、人を憎む、人を羨《うらや》むなど、自分の醜《みにく》い心というものが出てくるが、毎日の自分の生活のなかでしっかりと自分を分析することが大切である。

自己分析とは自分を顧《かえり》みる。もう一度、自分を顧みるということである。

まず自己分析するにあたり、自分の肉体と自分の精神とを切り離し、精神を分析することである。自分の今の心が粋明《すいめい》であるか、明るいものであるかを分析し、もし暗い心ならすぐに法則の心、明の心にきりかえるべきである。

己の心は明るいか
己の心は粋明《すいめい》か
己に問いかけてみよ
己を分析してみよ
まちがった心あらば
すぐに正せ
平和ボケをするなよ

「明」という心と「暗」という心とは、光と影《かげ》のような表裏《ひょうり》の心である。影であるものも、光がなかったら存在しない。暗の心は明に一瞬にして変えることができるのである。光である明、明るい心を持つべきである。

人は自分の心を自由に変える能力がある。しかしその与えられた自由を、自由だから自分の好きなようにすればよいのだという浅い考えをしていることがあるが、自由だからこそ意識を法則の明るい心に合わせるべきなのである。

人はなぜこのような結果になったのだと今を悩むが、それは過去に原因があったからで、その原因とは物質的原因である。しかしその物質的原因を起こすのは、すべて精神的原因があるからで、物質的なものはすでに結果である。だから精神的な原因をまず追究し、その原因を正していくべきである。

それにはやはり人は明るさを持つべきである。

明るい笑顔ひとつでも未来への善い原因となれるのである。まず笑う明るさ。それこそが人の未来への善い原因となるのであるから、暗い憂鬱《ゆううつ》な顔をして今を過ごすよりも、明るく笑えるような今を過ごすことの方が必ず幸福の因《もと》となっていくのである。

法則とは決して難しいものではない。まず善いことを想い、善い言葉を使う。それこそ法則である。それが生かされている人としての、生きるべき道なのである。

幸せになれる意識を学ぶ者よ
幸せになれる術《すべ》を学ぶ者よ
幸せになれる意識を持ったらよい
つねに意識を
明 善 愛 信 健 美 与 においたらよい

明るき笑顔にて
まいた種は
幸せを
みのらせる

第2章

自然のリズム

人と人は
たがいに和を持ち
たがいの欲《ほっ》することを
与えあい　譲《ゆず》りあいてこそ
己の欲する社会を
形成する

人の一生、人の人生とは宇宙・自然のなかのリズム、波動により生かされている。**宇宙の波動とは善いことばかりである。自然のリズムとはまた善いことばかりである。**その善いことばかりである自然のリズムがあるにもかかわらず、人間の知識や常識、また自我というもので自分勝手にその善いリズムを悪いリズムにしているのである。

波動のなかのリズムに生かされている人間だから、そのリズムに従う。そのリズムに自分の心も合一する。それが人間の幸福であるということも知らずに、自分さえよければ、自分さえ幸せになればというような自己中心的意識であるから、せっかく幸福になれる人生を持っていながら、不幸になるような人生を掴《つか》んでしまうのである。それはまさしく人間の大きな自惚《うぬぼ》れである。

人間は周りに人がいて、そして自分がある。親がいて自分があり、その親にもまた親があり、それがずっと続いていて、それをさかのぼっていくと果てしない数になるのであるが、その果てしない人間がいたからこそ今の自分もある。

それなのに、自分さえよければというような意識であるのはおかしいことである。人があるから自分があるのに、自分は自分だというような意識では真の幸福も掴めない。人があるから自分がある。周りの人があるから自分があるのである。

一存在は
まわりのためにありて
まわりは
一存在のためにある
互助互恵の人なり

すなわち自分も周りの人のためになってこそ、それが自分の役割または使命なのである。**人の役に立つ、それが人の使命である。**それは「人は人のためにあり」という法則である。これは間違いなく、人間の知識や常識により歪《ゆが》めることのできるような浅はかなものではない。人間を生かす法則なのである。

その法則に触れ、法則を知ることのできる人間は幸福であるが、その言葉の縁に触れることができても、俺は俺だというような意識であったのでは、せっかくの縁も自分の自我により歪めてしまい、結局は幸福になれる縁を掴みながら、それを自ら手放すことになる。

自分の望むものは幸福であるにもかかわらず、それを握《にぎ》っていながら放してしまうという、大きな矛盾《むじゅん》に人は気づかないのであろう。それはやはり自分が正しいのだ、自分はすぐれているのだという、人間のまさしく勝手な判断というものである。

その判断は、その人間を幸せにしてくれるのであるならよいが、自分を不幸にするような判断を正しいのだと思い込み、それを信じていたのではまことに情けないことである。判断基準は、自分がこうなのだと思ったからこうなのだと言うような浅はかなものではない。自分の判断基準は法則であってこそ人間の幸福である。

自己流幸福と
自然流幸福がある
法則にてらし
自然流とすべし

判断基準とは人間の人生を決めるものであり、運命を決めていくものでもある。決断することでもある。自分の人生を決めていく非常に重要なものが、人間の知識や常識であるべきではない。法則であるべきだ。

法則とは間違いなく人間を幸福にするものであるから、判断基準が法則であれば間違いなくその人間は幸福な運命、幸福な人生となっていくのである。

人は人のためにありという
法則あり
そは 人にて歪《ゆが》めることのできぬ
自然界の法則なり

第3章

心の羅針盤

己の人生
己の心が羅針盤《らしんばん》となりて
すすむ道なり
心 欲のみなれば
物を追い 物に苦しむ
明るさなれば
喜びを得る

人生の岐路に立った時、人は右往左往《うおうさおう》するものである。なぜなら、しっかりとした羅針盤《らしんばん》を自分のなかに持っていないからである。しっかりとした、**間違いのない羅針盤を持ってこそ人生を楽しく過ごせる**のである。羅針盤のない人は、過去の経験や知識・常識に頼りやすい。そしてそれを信じた結果が今の世の中である。

人の心を迷わすような
知識 常識をとるか
間違いのない
法則一本にするかは
人の心が決めることなり

医学においても、医者が病気だと言ったから間違いないと信じたために、本当に病《やまい》となり暗い人生を送っている人も多い。医学の進歩により病人は減るのが当然のはずなのに、増えていく現状を見てもおかしいと気づかない。しかし一方では、病を明るさにより回復していく術《すべ》も実証されている。

このような知識・常識が氾濫《はんらん》している今、しっかりとした羅針盤を持ち人生をどう生きるかを決めるべきである。それにはまず法則を学ぶことが大切である。法則とは一微《いちび》の間違いもないものである。その法則を自分の羅針盤とする人は幸福である。

正しい判断基準のある人に
失敗はない
羅針盤《らしんばん》を正しい道へあわせよ
狂わせるな

社会の知識 常識にとらわれ
幸せをつかめない人がいる
知識 常識は
正確ではない証拠だ

今の人生を決めたのは自分である。自分の考えが正しかったのであれば幸福なはずである。そうでなければ自分の考えが間違っていた証《あかし》である。まずそれを認め、自分を正そうとする謙虚さが人には必要である。

二者選択の時に、暗い方へ進めば暗くなっていくことは当然である。間違ったことをして、正しい結果となることはあり得ないのが法則である。そして人は自分の都合に善いか悪いかで選択をする。しかし自分に都合の善いことが善い道とは限らない。まず人に合わせるべきである。人の都合に合わせる、与える心にて選択するべきである。

樽《たる》のなかの水を自分の方ばかりにかき集めれば向こう側に水は流れていくものであるが、相手の方に水を送ってあげれば自分の方へとまた水は返ってくる。これも法則である。投げない球は返ってこないのも当然である。まず自分から与えていくことによって、人から与えられるのだ。**「天網恢々《てんもうかいかい》、疎《そ》にして漏《も》らさず」**という言葉の通り、すべて自分に返ってくるのである。このことを理解し、自分の毎日の言語・行動を正しい方向へ軌道修正するべきである。

まちがった意識を
正しいと思いこみ
固まってしまってからでは遅い
気づいた瞬間に
法則意識へと正せ

人はすべてのことにおいて自分の判断により行動しているのである。しかし過去からの悪い習慣として、いつの間にか悪い方へ向かうことも多い。人は「仕方ない」という言葉により解決しようとするが、それは大きな間違いである。自分の意識により判断できるものなら正せるはずである。**妥協《だきょう》する心が自分の自信を奪っていく**のである。

何事においても、まず妥協しないということも大切である。自分の人生に妥協していては、善い人生などあり得ない。善い人生を送るためにも法則を学び、それにおいては必ずやり遂げるという決意も必要である。

優柔不断《ゆうじゅうふだん》では
いつまでたっても
進歩はない

そして、**運命とは自分でつくっていくもの**であると言える。運命を切り開き素晴らしいものにしていくのは自分である。人の愚《おろ》かな知識・常識により運命をつくっていくことは、愚かな人生で終わることである。

「自分はできるのだ」「自分の運命とは素晴らしいのだ」と決めてみよ、決めた通りになっていく。このことは人の運命のなかではもっとも重要なものである。自分とは天であるのだ。天の子であるのだ。その天の子に不幸な道などあり得ない。

人生とは
己の決めたものなり
自信を持ちてみよ
そは　天に生かされてあるなり

天とは信じる人もあるが信じない人もある。しかし信じる人のなかに天はある。信じない人のなかには存在しないのである。天とは自分のなかにあるのだ。その天をまず信じてみよ。

天（法則）というものを信じ、自分のなかのしっかりとした羅針盤にしてこそ間違いのない幸福な人生である。人生の終末になってから気づいては遅い。老若男女《ろうにゃくなんにょ》を問わず、今この法則に触れ、縁した今こそ幸福へ向かうべきである。

人のためにつくすことこそ、人に与えられた天命であり使命である。まず気づき、行動することである。間違っているならば正し、正したならば更に人のためにつくしていくことが、幸福の道であり間違いのない法則の道である。

楽な道を進もうとしながら苦しい道を進んでいる人が多い。苦しい道を楽しい道としてこそ大楽天主義である。大楽天主義の人は、ひらめきにより正しい道を知る知恵を受ける。天に意識を合わせることこそ、間違いのない道である。

人の未来は
すべて成るように成る
何も恐怖したところで
かわるものではない
善いことのみと決めたら
それでよい

第4章

大楽天主義

陽気な人に
影などない
大楽天の人に
不幸などない

人知をつくして天命を待つ
天にまかせきりてみよ
明るき心にて
まかせきりてみよ
明るき心で待てば
明るき果となる
成るように成るのだ

大楽天主義とは、天に委《まか》せきり自然に委せきり人に委せきることである。そこに楽天的な発想が生まれる。それこそ、ひらめきである。

人はひらめきにより生かされてある。しかしそのひらめきを自我により消す者も多くある。自分の今の都合に善いか悪いかで判断するからである。ひらめきとは必要にて起こるものであるのに、人の勝手な判断により必要ではないとしてしまう。ひらめきとは必要であり必然である。そこに天があるから、すべて必要なのである。

純粋に粋《す》みきってこそ
ひらめきを受ける
心のアンテナを
天へ向けることだ

成るように成るということも、そこに天があるからだ。まず自分の意識を天に合わせることが必要である。

天に合わせるとは人に合わせることである。そこに人があるからこそ人は人のためにある。

能力とは人があるから備《そな》わるものであり、人がいなくては能力など必要ない。人それぞれに天分があり、その天分とはすべて人に役立つものである。しかし自分中心ではその能力を出す必要がなくなるから、人は自分の持っている能力に気づかない。まず「人は人のためにあり」という意識になってこそ能力は開発される。

自分中心であった人物も、人のために行動していくことで明るさを取り戻し自分の能力に気づいていく。一見、損をするようではあるが、明るくなれた本人こそ最も喜びである。

人は人のためにあるのだから
人のためにつくせばよい
それだけだ
それに理屈をつけようとするから
何もできずじまいなのだ

今の人の意識のなかには損得というものが多すぎる。人の浅い意識での損か得かなど、何の当てにもならないのである。「損して得とる」の言葉のように、**損と得とは一体である。**しかし人はこの二つの言葉を離して考えるから、得ばかりを追い求め損をしているのである。

自分が得をしようとして人を不快にさせ、自分も不快になっているのだ。そんな当然なことさえ自我だらけの人は気づかず平然と行なっている。天よりの法則というものに自分で勝手に反して苦しんでいるのだ。

人のために行動することは、今の常識では損のようにとらえることが多いが、それこそ得なのである。人の喜びが自分の喜びとして返ってくるという法則を学ぶことである。法則を学び、人のために行動していくことこそ人の幸福なのである。是非このことに気づいてもらいたい。

人のために行動する者が幸福となり、自分のためだけに行動するものは不幸となっていく。自然の摂理《せつり》なのである。**法則というものはすべての人に平等である。**行動をし、幸福となれる術《すべ》を学んでいくことが必要である。

間違ってはならないのは形ではないということである。形は人のためであっても、心がそうでなくては全く異なった結果としてあらわれてくる。心こそ人のために向けるべきである。

人のためにつくしてみよ
必ず己も幸せになるが
法則なり
自分のことばかり考えるは
法則ではないなり
法則とは
己を幸せにするものなり

人の身体《からだ》を左右しているのは心である。だから心を磨いていくことを学ぶのである。人の譜層《ふそう》をあげていくのである。高い譜層であってこそ、人のためであるひらめきを純粋に受けることができ、能力を開発させていくのだ。

高き譜層《ふそう》となりてみよ
低き譜層では
低き音色しか奏《かな》でられぬ
高き譜層になりてこそ
はじめて
低きから高きまでの音色
奏でられるゆえ
音楽となるのだ
一曲となるのだ
すべてがみえるのだ

それは芸術にも通ずる。高い譜層の芸術こそ、人がその芸術に触れるだけで明るくなり幸せな気分になれる。まさに青木寿恵《あおきすえ》の芸術である。芸術のなかに人類愛の心が入っているからである。だから寿恵更紗《すえさらさ》に触れる人たちは、その芸術を絶賛し明るくなれるのである。この芸術こそ人類愛の実証であると言える。そこには天からのひらめきというものが純粋に入っている。

人の心も芸術としていけば美しく明るさを持てる。そして与えることもできる。まず心が芸術となって芸術品は生まれてくるのである。自然の法則を学び、人のために行動してこそ素晴らしい人である。

粋《す》みきりの心でこそ
真の芸術はうまれる
そは 天のひらめきなり

法則というものは絶対に歪《ゆが》まないが、人は自分勝手の法則をつくりたがる。それは過去からの習慣や社会の知識・常識である。その自分勝手な自我から生まれた知識・常識を取り除き、法則に純粋に従ってこそ幸福は存在するのだ。あとは天に委《まか》せきり、成るように成るのだ。

人は生かされてあるから、生かしてあるものの存在は間違いのないものである。天に委せきってこそ成るように成るのである。自分は何も関係しないのではない。人の想念により決めていくものであるから、その人の心の色質により成るように成るのだ。まず人は自分の譜層《ふそう》を高めていくことが必要である。

生かしてある存在がある以上、人には受け入れるしか術《すべ》のないこともある。しかし高い譜層の人には高い譜層にあったものが返ってきて、低い譜層の者には低い譜層にあったものが返ってくる。**反射の法則である。**この教えを学びたくとも学べない者もあるということだ。

だからこの縁に触れる者は幸福である。この縁を自分の自我により歪ませないことも大切である。まず信じることから学ぶのである。信じられなかったら、どれだけの教えを聞こうと意味がないのだ。**信じるとは自分の心のなかにある。**信じられないのではなく、信じようとしないだけである。本物をみる目をもってほしい。真理とはひとつである。そこに幸福があるのなら幸福を信じたらよい。

この教えは、「人に幸せになってもらいたい」ただそれだけの教えである。それこそ青木盛栄《あおきもりえい》哲学である。人類愛の教えである。宇宙の法則である。

信ずる者は救われる
信ずる心こそ
天の心なり
疑いは人間心なり

第5章

真理はひとつ

なんたる法則 多き世の中よ
人 自我でつくりし法則 多きゆえ
困惑するなり
法則なるは天のつくりしものなり
ゆえに 人のつくりしもの
法則ではないなり
ひとつとしてみよ
己を幸せにする法則
ひとつしかないなり

真理とはひとつである。真理がいくつもあることは、この地球上にはあり得ないのである。それは人のつくり得るものではないからだ。

人は生かされてあり。生かしてある存在があってこそ真理は存在するのだ。生かしてある存在を人は天とも言い神とも言う。それは人それぞれの解釈によりつくられたものだが、生かしてある存在はひとつでしかないのである。

その真理を、人間の実体験をもとに間違いのないものとして人に伝えるべく存在するものが青木盛栄《あおきもりえい》哲学である。これは人間でありし時の青木盛栄がすべてを体験し、真実だという確信のもとに存在する。

宇宙には法則という自然の摂理《せつり》が存在する。その法則とは目にみえるものでも言葉でもない。宇宙のリズムなのである。それを人間界において言葉としたものが哲学となり、人に伝えゆくものである。

ゆえに、この言葉すべては人の知識のつくり出したものではなく、天来《てんらい》のひらめきによりあらわれたものである。**ひらめきとは生かしてあるものの意志である。**生かしてあるものの意志こそ真理であり法則である。

ひらめきとは
己であり
己ではなし
そは　天なり
天の意志なり

だが人は、真理を人間の知識によりつくり出そうとする。しかし生かされてあるものに真理はつくり出せぬ。そこに今の社会の歪《ゆが》みが発生したのである。人間が正しいと思うことがすべて正しいのだという、間違った意識によりつくり出されたものが歪んだ知識である。

人には持って生まれた生命《いのち》の知恵ともいうべきひらめきが存在する。しかし今の社会の間違った知識により歪められ、本来の粋明《すいめい》さを失っている。これこそ正すべきである。人間が幸福となれる真理はひとつである。「人は生かされてあり」をすべてにおき、感謝することである。

人は生かされてあるゆえ
人がかわるしかないのだ
生かされてあるゆえ
生かしてあるものあるなり
そは　天なり
人　天に生かされてあるなり
人は天にあわすしか
すべはないのだ

今の社会には病《やまい》が多すぎる。その病が社会の暗さをつくり出しているとも言える。健康のもとは明るい心である。病のもとは暗い心である。人を憎み、恨《うら》み、嫉妬《しっと》し、心のなかにどんどん醜《みにく》いものがたまり発酵《はっこう》していくのである。そのすべてのもととなる意識を、健康となれる真理、法則心一本にすべきである。

健康な体がなければ人は行動することも、人に喜びを与えることもできない。まず自分の病のもとである心を、法則を信じきり自然治癒力《ちゆりょく》を信じきり、本来の健康体にしてこそ幸福も存在する。いくら幸福となれる知恵を持っていても、病では幸福となれることはない。健康であってこそ幸福なのだ。ゆえに意識も健康になれる。

からっと晴れた
粋《す》みきりの心には
病《やまい》の入るすきまもない

真理とは間違いのないものである以上、人すべてに対し平等である。「人は人のためにあり」これもまさに真理である。今の自分が存在するのも、親があり祖先のあるおかげである。夫婦となり子をつくり得るのも、すべて相手という人がいたからである。人は自分の力で生き、自分の力で存在するのだという錯覚を持つが、すべてにおいて周りに人がいたことに気づくべきである。周りに人がいなかったら自分も存在しないということは、自分も人のためにあるということなのである。

不必要な人間など存在しないのである。すべて生かされてあるのだから必要なのである。これを自覚することである。自覚こそ信じることである。

自分は人のためにあるということを自覚し言語行動を行なうべきである。人の喜びのために言葉を使い、人の喜びのために笑顔で接することこそ人の喜び、すなわち自分の喜びなのである。このことも、すべて真理であるからこそ自分も幸福となれる。

人という文字は
たがいが支えあい
たがいが立っていられるゆえ
人なり

自分の知識は正しいと思う者も、それが正しいのであれば正しい結果になるはずである。しかし間違っていれば間違った結果となる。すべてを法則に照らし行うことこそ、間違いのない幸福のもとである。間違ったものを**反省する謙虚さがあってこそ人は向上する。**反省こそ脱皮するために必要不可欠であり、反省のない人は、すなわち成長もあり得ないのである。

反省は一瞬一瞬であり
一瞬一瞬に意識の色を
法則にあわせるべきなり

今の想念のリズムが自我の狂ったリズムであれば、自然界のリズムよりはずれ幸福のリズムからもはずれる。まずは真理である法則、自然界のなかの理《ことわり》を知ることである。そうすれば正しい想念のリズムのなかに調和していける。

知は行のはじまりである。行は知の結果だから、法則を知り法則心になることこそ人の生きるべき真理であり、生かされし者の真理である。

法則とはいかにと問う者よ
生かされてあり
人は人のためにあり
この言葉 知りし者よ
この言葉 想ってみよ
この言葉 己の心のひとつとしてみよ
そは法則心なり

第６章

意識の改革

意識は
もとにもどろうとするゆえ
たえず意識改革をせよ
もとにもどるは楽な道ゆえ
強き意志を持ち
改革していけ

今の人類は意識改革を求められている。なぜなら今の人類の行き詰まりは、すべて意識のつくり出した結果であるからだ。子供の問題にしろ、家庭の問題、社会の問題も、すべて人の意識の行き詰まりから発生している。過去の力の時代より物の時代へと移りゆき、今まさに心の時代である。

心なくしてこれからの社会は成り立たぬ。

今の人の意識はまさに知識・常識の氾濫《はんらん》により、何を信じればよいのかわからない状態である。それに危機感を持つものであり、これからの人類の平和のために今ここで自分自身を改めるべきである。不安ばかりの世の中であるより、善いことばかりの未来を持つ人類であるべきである。自分には関係のないことではない。自分の子、孫の時代をつくる大人が気づかねばならない。

世はかわる
心こそ必要と気づきし
世へとかわる
今 心に気づけ

意識を改革するにあたり、人の意識のなかにある知識・常識をまず空《から》にするべきである。すべてを自分の持っている知識・常識に照らし判断していては本物の価値はわからぬから、まず空にすることである。それには自我を取り除くべきである。

人はすべて赤子に生まれ、まさに純粋無垢《むく》の心を持ち生を受けるが、世の知識・常識によりそれを歪《ゆが》ます。その歪みを正すべきである。人はたとえ大人であっても純粋無垢で粋明《すいめい》な心であるべきである。粋《す》んだ心に戻すべきである。

魂性《こんせい》とは天より人に与えられた白色光粒子《はくしょくこうりゅうし》であるのに、人はその周りに自我により暗湿粒子《あんしつりゅうし》をたくさんこびりつかせ、白色光粒子を覆《おお》い隠している。白色光粒子とは太陽の粒子である。人の目には見えない粒子が空気のように存在しており、今はその粒子に暗湿なものが多い。不景気であるとか家庭不和であるとか、病《やまい》もすべて暗湿なものである。しかしそれもすべて人の意識によりつくり出したものである。

暗とは明の影の存在である。光があるからそこに影は存在するのだ。これは精神世界でも同じことが言える。もともと影であるものが、今は主となっているのである。

それはまさに天の与えた光を、逆にとらえている人の自惚《うぬぼ》れである

人は光により生かされてある。光なくば人もなく地もない。

光により生かされし人は、明るく生きてこそ真の人である。真の人であるから幸福であるのに、それにも気づかず暗い世界を喜んでいるような人は不幸であって当然である。

光と影

光なるが主《しゅ》なり
影なるが従《じゅう》なり
が人
影の心 主と思いしはまちがいゆえ
正せ
光なるが主よ
光なるがたえず前に出てこそ
正しきなり
まことなり

人は自分たちの力で人を創造したかの如《ごと》く錯覚している。生かされる者が生かしてあるものの存在に気づかず、人の体を切り開き、勝手な病名を付け暗い暗示をかけている。何と愚《おろ》かで傲慢《ごうまん》な人間よ。

今の人は批判が多すぎる。

批判があるから感謝がなくなるのではなく、感謝がないから批判が生まれるのである。生かされていることに気づく人は幸せである。そこには感謝も生まれる。

感謝がないとは
人としての心 失っておるなり
が 心とは
すべての人 同じく与えられしものなり
人は生かされてあるから
感謝ありてこそ
人の心なり

すべてにおき感謝を持つ人は肉体も健康であり、ゆとりのある幸せな日々を送ることができる。**ゆとりこそ人の心を大きくさせる**ものである。今の人は毎日が忙しすぎる。忙しいと言っているうちに、いつの間にか心を忘れ毎日を流されて過ごす。

心の存在なしに人に何ができる。心が存在してこそ人は行動していけるのに、人のコピー的意識を自分の心だと勘違いし、平然と人のコピーを話している。だから他人《ひと》が不景気だと言うと、自分も不景気だと思い込んでしまう。そこには自分の意識が存在していない。まさに心を忘れている。

社会の悪い粒子に振り回されない
強いしっかりとした斥力《せきりょく》を持て
意識のなかは
法則でいっぱいにせよ
迷うことはない

人の運命を切り開くのは意識である。まわりの暗示に左右されない、明るい斥力《せきりょく》を持つことが必要である。「明るい楽しい、善いことばかりの日々《にちにち》を心に決めよ、決めた通りになる」この言葉の通り、自分の意識により明るいのか暗いのか決めているのであるから、明るくとらえていくべきである。

しかし人は過去の陋習《ろうしゅう》意識によりそれを持って離さない。それに愛着を感じている人が多い。自分を不幸にするような意識を持って離さないのである。これではいつまでたっても脱皮は不可能である。意識の改革をし、脱皮してこそ明日は新鮮であり明るいのである。

明るい未来思考になってこそ人の意識も生まれ変わるのである。

できない 無理だという言葉で
人の可能性に枠《わく》をつくる
そんな言葉は自然には存在しない
あるのは
与えられし無限の意識であり
可能性なり

暗い過去の意識にばかり引っ張り回されていては、明るい明日の存在にも気づかない。これは霊長《れいちょう》動物である、人にあるまじき行いである。暗い過去より脱皮し、明るい未来を望んでこそ明るい毎日である。小さな自分に向いている意識を天へと向けることが大切である。

天とは普遍《ふへん》であり、碧空《へきくう》のような粋《す》みきりの世界であり無限である。

「己　無にして燦《さん》なり　燦にして無限」天に意識を向けてこそ自分の意識は無限である。それを小さな人の知識・常識により歪《ゆが》めてはならない。人の住む大地も人の所有物ではない。すべて天より与えられたものである。すべての根源は天より与えられているのだ。

心とは普遍《ふへん》なり
碧空《へきくう》のような心にもどりてみよ
汚《けが》れなき純粋《じゅんすい》無垢《むく》にて
宇宙なり
自然なり

大災害においても、人は自分たちの都合により災害と言うが、大地にすれば当然の新陳代謝《しんちんたいしゃ》であるのだ。人はそれにより学ぶことが多くある。どれだけ発展した都市も、一瞬にして跡形もなく消滅する事実を見た時に、人は謙虚でなくてはならない。科学も自然の前では無力であるのだ。

「人よ　汝《なんじ》らは生かされてあるのだ」という教えである。

すべてにおき感謝せよ。人は与えられる側なのだ。ゆえに人は人のためにつくしてこそ人なのだ。与えられたものも、与えていくことでまた更に与えられる。これも法則であり真理である。この真理を学び、自分の意識としてこそ人は成長し脱皮していくのである。

人は愛により生かされているのであるから、人にもまた愛を分け与えていくべきである。今、自分の意識を人のためにある自分なのだと意識改革をし、日々、人のために行動してこそ人は救われていくのである。それは天の意志であり、絶対無比の法則である。

社会通念のなか
人は己のためにありといった思考が
氾濫《はんらん》してあり
そを 断固とした斥力によりはねのけ
人は人のためにありを
家庭 企業 社会におき
実践 実証していくべきである

第7章

意識は人のために

思考いっさいを
人のためにしてみよ
悩みなど ないではないか
自分のためばかり考えるから
悩み苦しむのだ
人のためにつくしてみよ

心のなかに生じる黒い点、それは自分の未来において不安に思うことや人に対する批判などから生じるものであるが、その自分の心のなかにある黒い点とは有であるがゆえに、小さくても大きくてもそれは有である。

しかし目に見えないくらいの小さな点でも、人はそれを自分の意識により無限に大きくすることも、逆になくしてしまうことも可能なのである。それは**自分の心、意識とは無限である**という法則の下《もと》に成り立つ。

自分の意識とは無限であるが、自分の肉体存在とは一微《いちび》の点にすぎないのである。しかし人はその一微の点にこだわり、その点を自分の心のなかで大きくしてしまうことがある。

しかし心は無限であるのなら、自分の心のなかにある不安や批判などは消し去ることも可能である。可能であるなら、人は心を暗い小さな点に向けるべきではない。人の意識、心の質とは物質でないがゆえに無限であるから、大宇宙、宇宙心のように無限のものに心を向けるべきである。

例えば、心は全世界のこと、地球のことを想うことも可能であり、大宇宙のことを想うことも可能である。逆に自分の小さな一微の肉体にこだわることも可能である。

人は無限の意識を持ちながら、一方では自分の小さな肉体にばかりこだわり、それによりすべてに右往左往《うおうさおう》していることが、無限であるものを有限にしている。自分で自分自身を小さく限りあるものにしているのである。

心の本質は宇宙のような広がりがあるのだから、人の心も**無限の広がりがあってこそ本質の心**である。肉体は物質であるがゆえに有限であるといえるが、精神とは物質ではない粒子なのだから無限なのである。しかし人はその無限である心というものを軽視し、物質である肉体を重視するが、それではせっかく与えられた人間の可能性をも奪うものである。

心とは
無限であって普遍《ふへん》なり
想いならば
どんなことでも想えるなり
もっと大きく心を広げてみよ
心をしばる
自我をすてたらよいのだ

意識とは無限であり自由であるから、明るい善いことのみを意識のなかに持つことが最も重要である。そしてもし自分の意識が小さな暗いことに向いていきそうなら、心をもっと大きく広げることが必要である。それは自分のことのみでなく、もっと周りの多くの人のためを想うことである。

人間は心の習性として、転がり落ちていくのは非常に楽である。それにともない自分の人生を不幸へ落とし込んでいくこともたやすいことなのである。しかし人間は幸福になるために存在するのであり、不幸になるために存在するのではない。だから**心は絶えず明るくあり、人のためを想ってこそ本物の心**なのである。

心は宇宙の波動と融合するような、無限の心を持ってこそ生かされてある人間である。それが人間の道なのである。自分のみを想う心とはまことに小さな意識であるが、人を想う意識とは大きく広がるものである。だから意識とは人のために向けるべきである。意識を人のために向けてこそ意識は無限である。

心は己に向けるほど
小さくなり
人に向けるほど
大きくなるものなり

第8章

善いことのみの日々《にちにち》

善いことにて生かされし人よ
己の心で苦悩をつくり
自作自演の悲劇をつくり出すは
なんと愚《おろ》かよ
その未熟《みじゅく》さに気づけ
己は生かされし人なり
すべて善いことばかりなり

人は明るい楽しい、善いことのみの日々《にちにち》を望みながら、心ではそれを否定してしまうような矛盾《むじゅん》を繰り返すことが多い。

明るく過ごすつもりでいても、いつの間にか暗い毎日を送ることがある。せっかく新鮮な意識を持ちながら過去からの暗い意識により、そんなことはあり得ないと善い未来を否定してしまう。

そこには過去からの習慣性があり、善い未来を自分の意識により暗い未来としてしまうのだ。不安を持つこと自体、善い未来を消し去ってしまうのだ。浅い人間知識により、すべてを判断してしまうところに矛盾は生じる。

法則を信じきることが大切だ。善い未来である法則を徹頭徹尾《てっとうてつび》信じきることである。「明るい楽しい、善いことばかりの日々」と心に決め、それを不動であり確固《かっこ》たる自分の意識にしてこそ実現していくのである。

信ずる心は
他にはない
己のみに
信ずる心あり

想念が曖昧模糊《あいまいもこ》であっては、やはり実現も曖昧である。自分の想念を、もっとしっかりとした揺るぎないものにするために、法則を覚えることだけでなく信じきることである。

想念を
はっきり鮮明に持つほど
粋明《すいめい》な心なり
粋明ゆえに
実現あるなり

信じよ
信じる者しか救われないのだ
信じる者にしか
心は伝えられないのだ
信じぬ者は知識が邪魔《じゃま》をする
ただ信じるだけでよい
信じるだけで
幸せになれるのだ

すべて善いことばかりであると信じきることで、想念も鮮明な現実となり善いことばかりが実現していく。それが心の法則である。不安などは未来に一微《いちび》の得《とく》もない影の意識である。影の意識に自分が満たされていては、やはり不安が実現していく。

未来とは人の計り得るものではない。ゆえに法則を信じ、宇宙の波動に肉体を預けたらよいのだ。想念実現があってこそ法則を信じきれるのだ。それを実験・実証・実現させて、心を追究してこそ精神意識を強い確固たるものとできる。

ゆえに自分の想念の大切さを人は気づき、明るい善い想念とすべきである。善い未来を心に決めればよいのだ。これだけで幸せな毎日を送れる。まさしく心ひとつにより幸・不幸をつくり出すのだ。明暗を分けているのは自分の心である。

しかし過去は過去であり未熟であったのだから、法則に触れた今より新しい新鮮な意識を持てばよい。言葉の縁に触れた今から、善い言葉を自分の意識としていけば、また善い原因となっていくのである。

「明るい楽しい、善いことのみの日々《にちにち》を心に決めよ、決めた通りに実現していく」

この言葉ひとつ、自分の意識のなかに絶えず持ち続けることである。この言葉が善い未来を創造していく。心の法則であるから絶対無比である。

善いことのみで生かされてある以上 善い未来である
善い未来を組み立ててゆくのは 善い言葉からである
善い言葉にかえってくるものも 善いことである
善い言葉にて 善い安示となって 善い未来をつくる
善い未来には 可能性いっぱいである
善い未来思考とは 人に与えられた自由である
善い未来思考にこそ 善いことばかりの日々がある

第9章

自然の法則

大自然のなかに
生かされてある人ゆえに
自然の法則を知りてこそ
幸福なり

自然とは発展していくものである。人間の肉体も自然の一部であり、人間の意識も自然の一部である。だからこそ発展していくことが自然なのである。

企業において、経営者は企業を発展させようと想念し、企業を設立する。だが当初の想念であった発展がいつの間にか消え、不安・恐怖というものにかられ本来の目的を見失っていることが多い。

発展したいと理想を求めながら
心では そを否定し
暗い未来を想念する
すべて己の想念にて
描いたとおりになるのが法則だ
まず 心を明るき色質にて
想念するべきなり

意識もそれと同じで、やはり幸福になりたいと想念していながら、いつの間にか不安・恐怖というものにかられ本来の幸福を見失うことがある。だが精神とは絶えず発展し続けるものであるから、自分に対する障害は乗り越えるべきものである。その**障害とは精神を向上させるためにある**のであり、何も人間を不幸にするために起こっている現象ではない。すべてが善い方に向かっている。なぜなら人間はすべて善いことばかりだからである。

呼吸ひとつをみても、その呼吸に対する自分の意識は、何も意識をせずに呼吸をしている。呼吸とは人間が生きようとする本能であり、その生きようとする本能とは幸福になろうとする本能と同じものである。やはりすべて善い方へ人間は向かっている。それを人間の知識により歪《ゆが》めることとは、自分の生命をも歪めているのである。

人間の五感において、見たり触れたりといろいろな感覚があるが、その感覚すべてを統率するのは精神である。精神が肉体というものをすべて操《あやつ》っているのである。**「肉体は心の奴隷《どれい》」**であるといえる。

肉体は精神と同じように善い方へ向かっている。肉体に必要のない細菌などが侵入した時、人間には自己治癒力《じこちゆりょく》が働き、必要のないものを肉体から追い出そうとする。熱というものを考えてもわかるが、人間に必要のない細菌を熱により殺すための働きが自己治癒力なのである。

肉体に起こる症状ひとつひとつをみても、善い方に向かっているのである。人間の体も心も善い方へすべてが向かっているのである。それが自然の生き方である。それを人間の知識により歪めてはならない。

意識というものも
肉体というものも
変化する時には自改《じかい》作用が働き
辛《つら》さをともなうものであるが
それも善くなるためと心に決めれば
喜びにかわる

企業においても、やはり同じように自然により発展・繁栄するべきであり、人間の知識により発展・繁栄させるべきではない。すべてが自然であり、自然のなかで生かされている以上、人が自然に順応するべきである。人間の知識を中心にすべての物事を考えるのではなく、**自然を中心にしてすべての物事を考える**べきである。

自然に幸福となれる人間であるのなら、その幸福となれる意識もやはり必要である。意識が不幸を掴《つか》んでいたのでは、自然の幸福というものを掴んでいながらもそれに気づけない人も多い。不幸というものも、すべて人間のつくった知識である。自分は不幸なのだと思う心・言葉を、自分の意識から除《のぞ》かないことには真の幸福にも気づかないのである。

不幸とは自分にとって都合の悪いことであるが、都合の悪いことも善いことも、すべて自分の精神がそれを決めることであり、他から決められるものではない。やはりそれを決めるべき自分の精神が、自然の考え方でなければいけない。

そのために自分の心は、法則で満たされていなければならないし、法則を信じきっていなければならない。やはり自然の法則を信じ、心のなかはその法則に満たされていてこそ、初めて意識も自然に発展し肉体も健康である。そして人と人との間に平和も生まれるのである。

自然界より
法則 見出し
生かしたるは
健康なり
繁栄なり
平和なり

また人間同士の関係において、互いが奪い合おうとする心ではうまくいかないのは当然である。与えあう、**相手を思いやる心があってこそ人は互いに平和を保てる**のである。やはりこの法則を自分の心のなかにしっかりとおき、あとは自然に時が成るようにしてくれるのである。

求めれば求めるほど
失う
与えれば与えるほど
うるおう
自然界の掟《おきて》なり

そしてそこに信じきる心がなかったら、いつの間にか周りの知識や常識に惑わされ、法則の心はひとつであるにもかかわらず、法則以外の心がいくつもできてくるから苦しみが生じるのである。

心のなかの法則を自己の体験とすることも必要である。体験も、人間の五感で体験するものもあるが、精神がすべてそれを操《あやつ》っている。だから肉体的感覚は精神的感覚に通じるのである。そのひとつひとつの体験が自分のなかの精神を揺るぎない確固《かっこ》たるものにしていくのである。やはり信じきる心がなかったら何も生まれないのである。自然に人は発展するのだから、その自然の意識に合わせなかったら発展もあり得ないのである。まず自然の法則を知り、必ず「**自分の未来は発展・繁栄しかない**」と言うことを心に決めることが必要である。それが実現していくのである。

人の心の法則とは、心に決めた通りに実現していくものである。だから法則を学び、法則に満たされてこそ間違いのない幸福は存在するのである。

己の存在は
すべて自然のなかにあり
ゆえに 己も自然の一部なり
そこに法則存在するゆえ
秩序《ちつじょ》あるなり
己も法則にしたがいてこそ
自然のリズムと一体となるなり
そは 人に与えられし
幸せのリズムなり
法則を知りてこそ
人の幸せも存在するなり

第10章

生命《いのち》の知恵

生命ありて
意識あり 心あり
快感あり 苦痛あり
すべての源なる生命の存在を
学び 知り 悟るべきなり
生命は宇宙の粒子であり
自然界の一部なり

人は肉体の一部に異変が起こると、それを異常であると判断する。よって悪いことなどひとつもないのだ。**体に起こるすべての症状とは生きようとする動作である。**

痛みであっても、人は耐えるという能力を与えられている。痛みに耐えきれなければ気絶するという能力を与えられている。であるのに痛みに耐えることを嫌い、医学に頼り、薬に頼り、本来の人が持っている自己治癒力《ちゆりょく》を使おうともしない。だから耐える力をも失っていくのである。

痛みも時が経《た》てば治まるものである。睡眠状態の時には痛みはないように、痛みとは人の意識のすべてが、痛い箇所をみつけ集中することから起こる。そしてその箇所の痛みのみに意識を集中させ恐怖するから、痛みは増していくのである。

どんな痛みがあろうと、意識は絶えず明るくあってこそ痛みにも耐え得るのだ。**生かされていることに悪いことなどひとつも存在しない**のだ。しかし人は自分の都合に善いか悪いかですべてを判断するから、痛みとは悪いことであると決めつける。

痛さは
生かされし証明なり
痛さがあってこそ
快感も存在するなり

「病《やまい》は気から」の言葉のごとく、人の持っている気より起こる病を、人は肉体を切り落とし、治ったかのごとく錯覚する。しかし一番の根本である心を変えずして、病が治ったとは言い難い。人の心が病となるような色質であるということを発見し、心を正すことに気づき、それを行なう医学も今は出てきているが、今の医学ではやはり行き詰まるのだ。

なぜなら心の異常に気づいていないからだ。

心の異常を正常にしてこそ病もないのだ。心に異常がある間は、いくら病を治してもまた同じ結果となり得る。心の異常とは、人の心が「暗《あん》悪《あく》憎《ぞう》疑《ぎ》病《びょう》醜《しゅう》奪《だつ》」の心にあるということだ。

人は本来、「明《めい》善《ぜん》愛《あい》信《しん》健《けん》美《び》与《よ》」の心であることが正常である。人の意識の表《おもて》は明であるからだ。表の意識こそ光であり正常である。

暗き心　醜《みにく》き心が
己の細胞　ひとつひとつまでいきわたり
人の表情となりてあらわれるなり
表情は心からあるなり
ゆえに　たえず笑える心
明るき心にて
己の細胞も健康なり

しかし今の社会では暗い常識が氾濫《はんらん》し、明るさを望みながら意識は暗い方へ向いている。いつの間にか裏の意識が人の主となっていることが多い。これでは病となる原因が、自分の意識のなかに充満して病となっても当然である。意識が正常でないのだから、やはり肉体にも異常が生じる。病が人に気づかせてくれることも多いのである。

非創造主である人間が、肉体や意識すべてを理解するのは不可能なのだ。人は**生かされている以上、生きる努力をする**べきである。すべてにおき自分の力で努力するべきである。

耐えるから
生命の知恵も
湧くのだ

健康のもとは気である。その理《ことわり》を理解した人は幸福である。自分の意識のなかにある病という意識を消してしまえば、病はあり得ない。自分は健康なのだという意識に切りかえよ。

意識のなかの明暗は表裏《ひょうり》であるから、明の意識に向ければよい。不安の意識を安心の意識へと切りかえるのだ。不安などは人に何の得も生まない。それより明るい楽しい未来を持つことの方がはるかに価値がある。

人の肉体は生かされてあるから、痛みを感じ、喜びを感じるのである。すべてにおいて生かされてあることを主におくべきである。そして意識は常に法則におくべきである。大宇宙の波動である生命《いのち》の知恵こそ法則である。宇宙の波動と意識融合してこそ幸福であり健康である。

大宇宙の波動により生かされている人であるから、法則を信じ、意識を法則に向けてこそ自然である。

生命《いのち》の知恵とは
ひらめき
自然のリズムなり
宇宙の波動なり

第11章

言葉は人のために

人の想念に
言語行動はともなうものなり
言語行動を正すは
その人の想念を正すことなり
明るき色質《しきしつ》の想念こそ
明るき言葉であり
はつらつとした行動なり

未来を想う時、ワクワクするような新鮮な日々を送れる人は人生の成功者である。同じ人生ならば成功者になりたい。

しかし現状では、未来に不安を持ち暗い暗示にかかる人が多い。なぜなら、しっかりとした間違いのない羅針盤《らしんばん》が人の心にないからだ。どうすれば幸せになれるかの術《すべ》さえ知らない人が多い。

まず言葉というものから重視したい。言葉とは人の暗示性も含んでいる。善い安示《あんじ》もあるが悪い暗示もある。今の社会の風潮として暗いものが多く、それを信じ暗い未来となってしまう。言葉から心は成り立つものである。だから言葉こそ重視すべきものであり、言葉を法則に照らし合わせるべきである。

善いことばかりの日々《にちにち》を送りたいと望みながら、言葉では不安を抱《いだ》く。その言葉こそ人の暗示となり心となっていく。暗い心ですべてを判断するから、やはり寄って来るものも類の法則により暗いことが寄って来る。ならば明るい言葉を使ってこそ幸せになる人のすべきことである。

暗い言葉を使う時は
心も暗く じめじめするものだ
明るき言葉を使ってこそ
愉快《ゆかい》 軽快《けいかい》 爽快《そうかい》なり

明るさとはどこから生まれるのか。それは未来からである。今は未来へと向かい人は進んでいるのだから、**未来こそ明るさである。**だから明るい未来を想って言葉とすることこそ明るさである。

未来という新鮮な日々があるのに、人は過去というものにこだわりすぎ未来まで暗くしてしまう。だが過去は過去であり戻ることはできない。過去を悔やんだところで、その過去を変えることはできない。

時というものは絶えず未来へ向かうのだから、明るい未来へ意識を向けることこそ心の指針となる。

落胆的な思考とは
落ちゆく意識なり
己の未来をも
己の意識にて
暗く暗示してあるなり
未来を想うは
楽天的でありてこそ
繁栄あるなり

今の心こそ未来への原因となる。今の自分の心を「明《めい》善《ぜん》愛《あい》信《しん》健《けん》美《び》与《よ》」という心の法則に照らし合わせることが必要である。そして未来が結果となっていく。ならば今とは過去の結果であると言える。今は結果であり原因である。これを因果律と言う。その今という時に暗い不安な言葉を使っていては、未来が不安な結果となるのも当然である。

因果律という絶対に間違いのない法則があって人の人生は決まっていく。だから法則を学び、今の自分の心を未来の善き原因としていく。

明るく楽しい言葉を使うことこそ善い原因である。

ではなぜ暗い不安な言葉を人は使うのか。それはすべてにおいて自分中心の自我人間だからである。自我だらけの人は、すべて自分の都合に合わないことは批判し、自らを改善しようとしない。心が奪う心になっているからである。

己を苦しめる心を
捨ててしまえ
己を苦しめる心は
どれかわからぬか
心の判断基準は
明 善 愛 信 健 美 与 の心に
あわせてみよ
逆の心は捨てよ

自分の使う言葉は、自分への暗示ともなり他人《ひと》への暗示ともなる。周りの人を不幸にする人が幸せになることはあり得ない。「**人は人のためにあり**」という法則の言葉こそ人の指針であり羅針盤となすべきなのである。

与える心になり、人に幸せになってほしいという言葉であってこそ善き言葉である。そこには明るさがあり楽しさもある。与える言葉を使ってこそ、人から喜びを与えられる言葉となって返ってきて、善い未来をつくっていく。

言葉とはすべてを創造していくものである。

明も暗も、言葉や自分の意識によってつくられるのであるから、今の自分の言葉・意識を法則に合わせてこそ自然のなかで生かされている人である。自然のなかにこそ幸福は存在するのだ。善い言葉を使う人にこそ善いことばかりの日々《にちにち》がある。

そして未来を喜ぶ人は健康である。心に暗い湿気がないからだ。心に湿気があっては体も正常に作動しない。それを正常に正そうとする自然作用こそ病《やまい》である。明るくカラッとした心であれば健康で当たり前なのだ。健康な体であってこそ善い言葉も生まれ善い未来も存在する。**「言葉こそ心」**　まさにこの言葉の通り、言葉と心とは切り離すことはできないひとつのものである。

まず言葉から善い未来への原因としていく。絶えず人のためになる言葉を使ってこそ言葉の価値はある。人を生かすも殺すも、どのようにでもできる大切な言葉を人は気軽に使いすぎる。他人《ひと》が使うから自分も使うというような浅い意識では、自分を幸せにすることはできない。

人よ 言葉とは
生殺与奪《せいさつよだつ》をほしいままにする
崇高《すうこう》な心をあらわす手段なれど
人は言葉を軽視する
言葉とは
人の心をすべてあらわすものなり
心 醜《みにく》き者
かくそうとしてもすべてが伝わるなり
よく自覚せよ

善い未来をつくるべく、自ら善い言葉を使うことが人生の成功への第一歩でありすべてである。善いことを想い、善い言葉を使う。これこそ人に与えられた自由を生かすことである。

暗い言葉を使うことも暗い未来をつくることも自由であるが、善い言葉によって善い未来をつくることも自由である。人に自由は与えられているが、人生も与えられている。その人生における**運命とは人の言葉がつくっていく**ものである。

まず今、自分が使っている言葉から、善い未来へ向けるという未来思考であってこそ人生を大成する。

焦《あせ》っても 悩んでも
善いことはやってこない
まず 善い原因をつくることだ
まず 善い言葉をつかうことだ

第12章

心は言葉

どれだけ善き言葉を使いても
心に善き言葉なくば
人には通じぬ
心に善き言葉ありてこそ
真の善き言葉となるなり

心とは言葉。意識とは心であり言葉である。新しい意識の芽生《めば》えとは、新しい言葉の芽生えとも言えるのである。

意識のなかを分析した時、そこには言葉の存在がある。言葉があり意識はある。「知言一行」の言葉の通り、その知と言葉とがひとつになってこそ信念が波動となり、言葉を含み伝わっていくのだ。

善い言葉は善い想念となり伝わる。

過去に自分の使ってきた幸福を否定するような言葉、不幸を肯定するような言葉、暗い言葉、不安な言葉を取り除き、新しい明るい言葉とすることが重要である。「過去無《な》し」の言葉の通り、これからの未来に向けて善い言葉を使うことこそ大切であり、善いことばかりの日々《にちにち》である。

人生に
うるおいをもたらす言葉を
人の指針としてこそ
人生もうるおうなり

人間意識のなかに病《やまい》という暗示もある。それも言葉により暗示され、潜在意識となってきたものだ。親が癌《がん》であるから、自分も癌だと思い込み信じた結果、癌になってしまった例もある。

意識のなかに暗湿粒子《あんしつりゅうし》が詰まっていては、新鮮な意識も生まれない。意識を切りかえ、明るい未来へと向けるべきである。そこには新しい言葉の存在がある。幸せになった、健康だという、**善い言葉を自分の意識のなかに入れ自己安示《あんじ》する**のだ。意識はそれに応じ潜在され幸福である意識となっていく。

そして信じきることだ。信じよう、信じたい、信じる。信じるにも色々あるが信じきることが大切だ。不安を一微《いちび》も持たないことである。

善い言葉にて組み立てられし意識は
確固《かっこ》として　善き想念を持ち
不動なり
意識のなかの暗い言葉を
善い言葉に組みかえよ

「人は生かされてあり」、この言葉も人の意識の言葉とするべきである。しかしこの言葉も、知識に止め意識とならなかったら意味はない。自分は生かされてあるのだと自分に言い聞かせることである。

過去には存在しなかったこの言葉を聞いた時、人は新鮮さを感じるが、しばらく時が経《た》つといつの間にか知識意識となり行動がともなわなくなる。それでは知っているだけに終わる。知ってはいるが、自分の意識は自分で生きているになっているのである。

知と行がひとつになり、はじめて生かされていることに気づくのである。知るだけではなく腑《ふ》に落とすことだ。腑に落とすことで生かされしことの意味にも気づく。

言葉により悟り
目により悟り
肉体により悟る
すべてにおいて悟るなり

「人はすべて必要であり生かされている」この真理に触れる者は幸福である。過去、この言葉と縁のない人生と、この言葉の縁に触れてからでは人生は大きく異なる。

しかし知識だけではだめだ。自分の意識としてはじめて幸福なのだ。過去の不安定な知識ではなく、法則を信念としてこそ人のあるべき姿である。それに気づき、新たな言葉（法則）を自分のものとし、自分のなかの信念とする。発する言葉は善い言葉ばかりであるから、善いことのみの日々《にちにち》となるのだ。成りきるのだ。

今一度、自分の意識のなかを広げ分析し、暗い過去からの陋習《ろうしゅう》意識を取り除いていくべきである。意識には先天性のもの（遺伝意識）と後天性のもの（陋習意識）があるが、自分を不幸にするいっさいの意識を、自分を幸せにする新しい意識にしてこそ人の未来は新鮮である。

人の人生を
大きく左右する言葉
きらめく言葉を持つ人こそ
きらめく心を持つ
きらめく人である

第13章

善いことのみと心に決める

すべてはうまくいったと心に決め
そに従い
時の法則に従い
あとは待つことのみなり
必ず時により　実現するなり

心とはひとつであるから、一瞬一瞬に必要な心とはひとつである。だから必要な時に必要な意識を持つことが大切である。

世の中はすべて生かされてあるのだから、成るように成る世界である。成るように成るにもかかわらず、人間は人間の知識で、自分中心の、自分にとって都合のよい未来をつくろうとするから、そこに不安が生じる。

その不安とは、善くなると信じたい、信じようとする意識が自分のなかにあっても、それを否定するような意識である。その意識自体、自分にとって何の役にも立たない意識である。だからこそ必要な意識を持つべきである。

必要な意識とは、自分の未来において必ず善くなるという安心を持てるような、自分を幸福へ導くような意識である。いくつも心を配るから不安が生じ、自分の未来をも善くなると想えないのである。だから心をひとつにするべきである。人は成るように成るのだから、必ず善くなると決めていなければ善くはならないのである。

善いこと 悪いことを
はなして考えるのではなく
すべてはひとつのものであり
一本の線である
すべてが善いことであるとわかったら
なにも恐怖はない

一日を過ごす時に、人は善い原因もつくり悪い原因もつくる。結果もそれと同じく、善い原因が善い結果となり、悪い原因が悪い結果を生じていく。

不安を持つこと自体、悪い原因である。悪い原因があるから悪い結果があり、善い原因ばかりであれば善い結果ばかりであることは間違いのない法則である。

したがって必要な意識とは、**「必ず善くなる」「必ず善くなった」という意識ひとつにする**べきである。自分を幸福にしないような意識、不必要な言葉が自分の過去からの習慣性により浮かんできた場合は、すぐさま正しい法則の言葉、必ず善くなるという明るさのある白色光粒子《はくしょくこうりゅうし》である言葉を使うべきである。未来の原因である今が大切なのである。今この時に悪い原因である悪い言葉を使っていたのでは、やはり未来もそのように成るのである。

やはり人間は幸福になることが自然であり、発展することが自然である。健康であることが自然であり、平和であることが自然なのだから、自然ではない心、人間の自我というものを取り除き、自然の波動に合う意識を持つことこそ幸福の原因となるのである。

争いのない幸福な世界は
自己の意識がつくり出すものである
しかし自然には　もともと争いはない
争いは自己のつくり出した
自己中心的意識の世界だ

だからこそ今必要なのは、未来に不安を持つことではなく「必ず未来は善くなる」という意識を持つことである。それ以外の意識はすべて消し去り捨て切る。そうすれば自分の意識のなかには善いことばかりなのだから、未来も善い未来なのである。

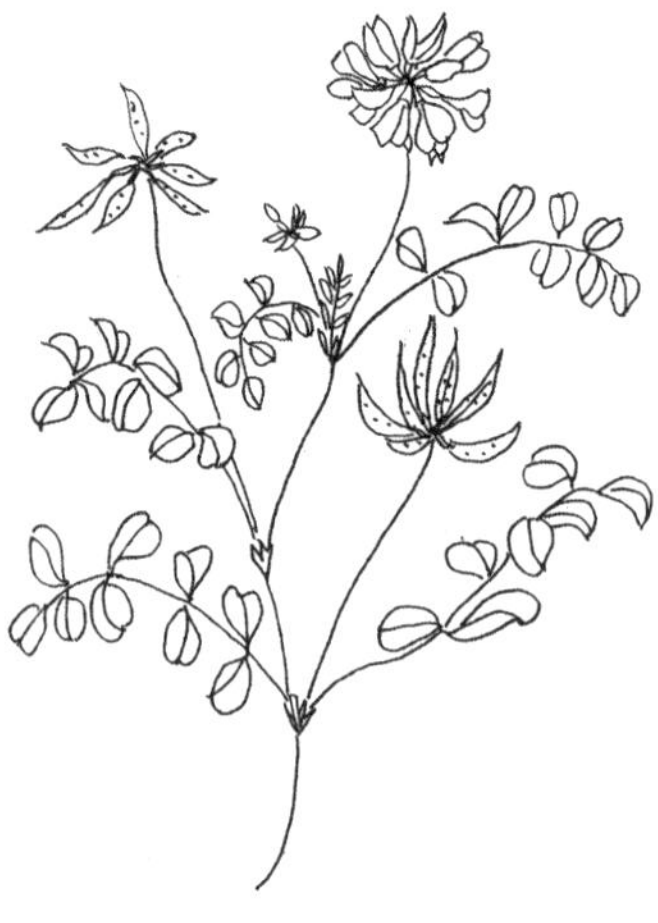

すべて善いことのみと
心に決めよ
不安は一微《いちび》ものこすな
幸福のもととなるなり

天国と地獄を分けているのは己の意識である。表裏一体《ひょうりいったい》の世界だから、自分の意識が、**自分の心がすべてを決める**のである。善いと思うのも悪いと思うのも己の心である。だから自分の心は、絶えず明るい白色光粒子であってこそ本物である。今、善い原因をつくっていれば未来に善い結果があるのは当然のことである。

それを人間は知りながら、今この時さえよければよいというような浅はかな自我心により、自分の未来を暗くしている。だからこそ人は今、意識を改革するべきなのである。自我をたくさん持っている人は、これからの未来に必ずその報《むく》いを受けることになる。今この法則というものを知り、自然の波動に合う明るい意識を絶えず持つことが必要である。今、必要な意識は明るい意識だけであり、暗い意識は必要ないのである。

人は誰もが必ず幸せになれる原因をつくることは可能である。私にはできないということはあり得ない。だからこそ今、人は善い原因をつくるべきである。その善い原因とは心なのである。そしてその心はいい加減であってはならない。はっきりと鮮明に心に決めることが大切なのである。はっきりと鮮明に、**未来は善いことばかりなのだ**と自分の心に持つこと。それが心の法則である。

幸福となれる意識を
想念の核に持て
自然により
発展するなり

第14章

自己分析は幸福の道

己なりに
幸福となれる意識を
探求してみよ
己なりに
幸福なり

意識とは想いである。今の自分の意識はどうであるかを分析する必要がある。すべて一瞬一瞬、自分の意識により左右する。明るい意識により明るくするのも、暗い意識により暗くするのも、すべて自分の意識により決めているのである。

「天国も地獄《じごく》も己の意識のなかにあり」どれだけ素晴らしい生活をしていても、暗い意識であるなら素晴らしい毎日とは言えない。どれだけ苦しい生活のなかでも、明るい意識であるなら素晴らしい毎日である。どれだけ物が豊かであっても、心が豊かでなければ幸福とは言えないのである。まず自分の意識を絶えず明るい方に向けるべきである。

意識はたえず光に向き
明るさを精いっぱいに受けよ
光を与えてもらわないと
自然消滅《しょうめつ》してしまう
己自身のうちに光がないからだ
己自身のうちに
たえず消えない感謝の光を持て

なぜ人の意識とは暗くなっていくのか。それは不安である。人はすべてを自分の力で行なっていると錯覚をしているからである。だから自分の力でできないことは不安なのである。未来をみても、自分の力では計り知れないことであるから不安に思うのである。まさに人の自惚《うぬぼ》れである。人は生かされてあるから天に委《まか》せるべきが真理であるのに、自分の力で何とかしようと思うことが自惚れである。

まず自分の意識を法則に照らし合わせ、正しいのか間違っているのかを分析し軌道修正していくべきである。

明《めい》善《ぜん》愛《あい》信《しん》健《けん》美《び》与《よ》の意識であってこそ法則であり幸福なのだ。それは物質ではないものである。自分の意識である。

心機一転《しんきいってん》
意識も 細胞も
明に生まれかわるなり

意識とは人に与えられた自由なのだ。すべてのことを明るくとらえるのか暗くとらえるのかも、自分の意識によって決めている。ならば意識を明るい方に向けることも自由である。

しかし人は暗い方へ意識を向けようとする。過去の陋習《ろうしゅう》意識を持って離そうとしない。過去はこうだったから未来もこうだと決めている。未来とは新鮮であり真っさらであるのに、自分の暗い意識により暗い絵を描いていく。真っさらなら明るい絵を描けばよい。その絵こそ想念である。

人は想念によりすべての行動をしていくのであるから、暗い想念では暗い方向へ進んでいくのだ。まず明るい想念を持ち、明るい方へ向かうことこそ幸福なのだ。そのためにも自分の暗い意識を消し去り、明るい意識へと変えてこそ明るい未来も存在する。

人よ
心のなかは自由なのだ
明も暗も己しだいなり
明るきを好む人よ
なぜ 心のなかを暗くする
己の心 己でつくるのだ
ゆえに 明るき心にすれば
よいではないか

意識転換をするにあたり、まず自分の意識を明るくとらえていくことが必要である。すべてをプラスにとらえてこそ明るくなれる。人はすべてを与えられ生かされてあるのだから、すべて善いことである。自分の都合に善いか悪いかで判断するから、暗くなっていくのだ。すべてを与えられているという感謝があってこそ、すべてを明るくとらえることができる。

まず**笑顔であってこそすべてにおいて活力がみなぎり、やる気も元気も湧いてくる**のである。明るい笑顔こそ最も大切であり、明るい笑顔であってこそ善を施《ほどこ》し、人を愛し、人を信じ、自分も健康であり美しく人に与えることができるのだ。すべてにおいて人があるということだ。

自分のことしか考えないと暗い顔をし、人に悪言を吐《は》き、人を憎む。人を疑い自分も病《やまい》となり、醜《みにく》く人から奪っていくのである。まず人に与える意識にしていくことが大切である。人は人のためにありという間違いのない法則のもとに人は生かされてあるのだから、意識を人に向けるべきである。人の喜びに向けてこそ明るい意識である。

笑いは生命を
生き生きさせ
精神を
よみがえらすなり

明るくはつらつとした表情は
人に喜びを与えるものなり
憂鬱《ゆううつ》な表情は
人に不快を与えるものなり

意識は一瞬で変わる。人に意識を向けるだけでよい。自分の意識が一瞬一瞬、人のためであるかどうかを分析していくのである。これは毎日の生活のなかで実践・行動していくことである。会社のなかであれば社長は社員に意識を向け、社員は社長に意識を向けてこそ会社の繁栄はある。これこそ意識融合である。家庭で言えば親は子に意識を向け、子は親へ意識を向けてこそ家庭円満である。

すべてはそこに人がいるからである。人があるからこそ、自分もあるということを忘れてはならない。そこには絶えず感謝が生まれてくる。

感謝こそ人の意識の源であり肉体の源である。感謝の心であってこそ健康である。

人なくば　己もないなり
親なくば　己もないなり
相手がおってこそ
人がおってこそ　己あるなり
人のためにつくしてこそ
真理なり

しかし人には理解のできないことがたくさんあることも事実である。会社が倒産したとか、親が離婚したとか、自分の意識では計れないものもある。すべてに原因があり結果となったのであるが、それは先祖からの因果であるとか、人からの嫉妬《しっと》や妬《ねた》みなどの念からくるものもある。それらのことに対し、人はすぐ暗い世界に閉じこもってしまう。

まず自分の意識を微分化していくのである。その自分の暗さを細かく砕《くだ》いていくのである。百分の一にし、千分の一にし、万分の一としていく。そうすれば、そこには何も残らない。なぜなら**意識とは、大きくするのも小さくするのも自由**だからである。

意識を宇宙へと向けた時には意識は無限である。そして自分の存在の小ささに気づき、自分を暗くしていたことの小ささに気づくことができる。意識を絶えず天へと向けてこそ大楽天主義である。

小さなことにとらわれない、絶えず明るさを不動のものとできる。意識を小さな自分に向けるのではなく、大きな宇宙へと向けるのだ。宇宙から見れば、自分の存在など目にも見えない粒子であるのだ。ひとつの粒子の不幸など取るに足りないことである。宇宙心であってこそ無限であり、無限の可能性である。

広き心になりてみよ
宇宙のような広き心になりてみよ
動ずるものなどないのだ
己のことのみ思うがゆえ
小さき心となるのだ
世界中の人のためと想いてみよ
己のことなど
小さきことに気づくがゆえ
世界中の人のために
己をつくせるのだ

これだけの素晴らしい能力を秘めた意識であるのに、暗くあっては能力を使う必要もない。まず明るいことこそ素晴らしいのである。絶えず明るくするためにも自己分析が必要である。自分の意識のなかを広げて見てみるのである。**明るいか暗いか、人のためであるか自分のためだけであるか、**分析してこそ正していける。分析をしなかったら正しようもなく、知らず知らずに暗くなり毒をまわりに振りまき、その毒により自分も苦しむのである。自己分析とは素晴らしいものである。**自己分析により幸福の道へと進んでいける**のだから。

小さなことに振り回されず、しっかりとした不動の法則心を持つことこそ幸福の道である。幸福を望むのであれば、幸福となれる意識であればよい。

自己を分析しないから
人がみえないのだ
自己に原因があると気づかないから
自己を分析しないのだ
いつまでも同じことの繰りかえしでは
人間としての進歩がない

第15章

心の色質

粋明《すいめい》なる心になりてみよ
粋明なる心
粋《す》んでいるゆえ 人がみえるのだ
醜《みにく》き心 どれだけかくしても
粋明なる心持つ者からみれば
そは 滑稽《こっけい》なる動作にしかみえぬ
粋明なる心になりてこそ
人の心がわかるのだ
欲がないからだ

人の視覚や聴覚というものは、ほとんどと言ってよいほど同様で、すべての人間が同じものを見、同じ言葉を聞くのである。

青色のものは、ほとんどの人が青色に見え、赤色のものは赤色に見える。そして聴覚も同様に「あ」と言えば同じように「あ」と聞こえる。「あ」という言葉を、「い」や「う」に聞こえることはあり得ないのである。

すなわち人間の肉体の視覚・聴覚というものは、ほとんどの人間が同じなのである。肉体的障害があればそれは別であるが、やはり青色は青色、「あ」は「あ」という言葉である。人間は同じものを見て同じ言葉を聞いている。

しかし感じ方、心というものは人それぞれ違い、千人いれば千人違った心がある。**心がすべてを判断し感じている**といえる。その心がどのような色、色質であるかにより、その見たものや聞いたものをその色により濾過《ろか》し感じるのである。しかしその感じる心が、赤色の人間もいれば青色の人間もいる。いろいろな人間がおり、感じ方は異なる。

十人十色《といろ》の人あり
十人十色の心あり
十人十色の言葉あり
そを よく自覚せよ

その人間の色質が暗いものであれば、せっかくの明るいものも暗く見え、明るい自然を見てもすべてが暗く見えるのである。それはその人間の心が、もともと色のついていないものに勝手に色をつけて見てしまうからである。その心が人間の不幸をつくるのである。

物事をすべて
好き嫌いにて判断するは
恐ろしきなり
己の好きと思いし道
自我の破滅道《はめつどう》でありても
そに気づかぬは　あわれよ

その心とは、もともと持って生まれた先天性の意識も、生まれてから育つ環境のなかでつくられた後天性の意識もある。その人間の色質により、すべてを明るくもとらえ暗くもとらえるのである。やはり一番重視するべきものは心である。どれだけ美しいものを見ても美しいと感じなかったら、それはその人にとっては美しくないものである。

心の色質が、病《やまい》というものになるような色質であるのなら、当然、肉体も病に侵《おか》されるのである。その反面、健康的な明るい色質であればそのように肉体も健康である。その心が肉体というものを左右するのである。肉体が痛みを感じた時に、その痛みの度合いを判断するのは人間の心であるから、やはり心が一番大切である。

すっきりと
晴れ渡る空のような心であれば
病はない

心は粋明《すいめい》であって、粋《す》んでいてこそ見たもの聞いたものを、そのまま自分の心に何の色もつけずに見たり聞いたりできる。であるから真実というものも見えてくるのである。

真実とは何も色がついていないものである。

人の心も生きたものであるから、日々成長し、日々新鮮に生まれ変わり、日々その譜層《ふそう》を上げていくものであるが、その真実、真理というものが見えなかったら、なかなかそれはできるものではない。まず真実が見えるような自分の心の色、色質というものにするべきである。

だが今、人は自分の自我という色が混じった意識ですべてを濾過《ろか》するから、それをすべて受け入れてしまう。それは真実、真理ではないものである。その真理でないものを真理だと信じ込み、自分の人生の生きる指針にしていたのでは、歪んだ真実が、歪んだ人生をつくるのである。粋明という心がいかに重要かを知らねばならない。

晴れていても心が暗くては
曇ってみえる
晴れ晴れとした心であってこそ
まわりが明るくみえるのだ

人間の心の色は確かに人それぞれ違うものであるが、自分の心を粋明な心、法則に照らし合わせていけば、その法則はすなわち自然であるから、自然の心であれば自分の人生の指針にできる。それが人生の羅針盤《らしんばん》ともなるのである。それには**素直な心が必要**である。すべてのものを自分流に解釈をするのではなく、素直にそれを受け入れ認めることが必要である。

あくまで自分は生かされてある存在であり、自分自身の力で生きているのではないから、やはり生かされている人間である以上、**すべてを感謝し受け入れる**。その心こそ素直であり純粋な心である。その心であれば、すべて善いことばかりの日々《にちにち》しかあり得ない。それが「生命《いのち》の法則」であり、「自然の法則」「心の法則」でもある。

素直な者こそ
己の可能性を信じ
能力を開花するなり

「正直者の頭《こうべ》に神宿《かみやど》る」という言葉があるが、やはり純粋な心であれば、自然のなかのひらめきを受け入れられるのである。ひらめきを受けようとしても、その心が暗い色ではそのひらめきを受け取ることもできない。

動物も危険を察知した時には、その場所から移動し安全な場所へ避難する能力を持っている。それは動物がその危険を察知できる、人間でいうひらめきを持っているからである。

もともと人間誰もが同じように、そういう能力を与えられ持っているものであるが、いつの間にか自我によって、それを受け入れられないような心になってしまったのが現状である。一瞬のひらめきにより、生命《いのち》を救われる人間もあれば生命《いのち》を落とす人間もある。

ひらめきという人間にとって最も重要であり、生きていく上ですべての指針になるものを受け入れられれば、人生に恐怖をする必要などいっさいない。

ひらめきは自然であり法則である。だから絶対に間違いのないものである。

ここで一番大切なものは、そのひらめきを受け入れられるような心の色、色質である。それをまず自分自身のものにし、もし今そうではない心の色であるのなら、それに気づき、その心を分析しそれを正していくべきである。

気づくことから学び、それを純粋な法則の色質に変えてこそ幸福も存在するのである。

ひらめきという光ありても
そを 屈折《くっせつ》させるは
光も光ではなくなる
純粋に受け入れる心 魂でなくては
天意も悟りがたし

第16章

本物を見る目

常識　知識にまどわされるな
まちがいだらけの人のつくりしものゆえ
まちがい多きなり
人と同じと思い
盲目的についていくはなさけなきことよ
その先頭なる者　崖《がけ》からおちれば
己も崖からおちるなり
ゆえに　先頭に立つ者をよくみよ
どこへ進んでおるのか
山をのぼるのか　崖をくだるのか
よくみて己で判断せよ
幸せにむかう者についてゆけ

人は常識というものが完璧なものだというような、間違った意識を持っていることが多いが、それをつくりだしたのは完璧ではない人間である。完璧ではない人間の知識が、今の常識をつくりだしたわけであり、人間の完璧だと思っている常識自体、間違っていることが多い。

人は完璧を求めよう、完璧な人間になろうと志《こころざ》す。だがそれは今の世の中で言われている、常識を完璧にこなすということである。常識というもの自体、人間の知識によりつくりだされた不完全なものであるから完璧ではないのである。間違ったことを完璧に行おうとしたところで、それは完璧とは言い難《がた》いものである。間違っていることにまず気づくべきである。気づかなかったら、そこから何も進歩はない。

知識人たちよ
己の知識の曖昧《あいまい》さを知らぬとは
かなしきことよ
まちがいのない知識など
存在しない
まちがいのないものは
法則しか存在しないのだ

人と同じだから、人も同じことをしているからそれでいいのだというような、まことに浅い意識ですべてを判断する。そしてその常識についていくことが楽であると思い違いをし、その常識に同じように群れをなしてついていく。

その常識の行き先が不幸・破滅《はめつ》であろうが、人と同じだからついていくというような、自分は生かされてある存在であることも知らずに、ただ妥協《だきょう》で、ただ流されて楽を求めその常識に溺《おぼ》れていく。そしてその常識に溺れているから間違っていることも気づかない。そういう人間が多すぎる。またその間違いを正そうとする人間も少なすぎる。だから今の世の中は間違った方へ進んでいるものが多い。

人は心の指針を探すものだ
その指針が法則であればよいが
まちがった知識であれば
破滅《はめつ》へと向かう

今の世の殺伐《さつばつ》とした雰囲気、暗い憂鬱《ゆううつ》な表情のなかで、人は未来に対する不安・恐怖というものを持つことも常識だからそれでよいのだというような、まことに浅はかな意識で人生を歩もうとしている。しかし間違いは間違いであり、本物は本物である。間違っていればやはりそのような結果を得、正しければ正しい結果を得ることになる。それが法則である。先を見ようとするものが少なすぎる現状、今さえよければというような意識であるから、それにも気づかないのである。

正しいと思っている常識が自分を幸福にするのであるなら、それはそれでよいのだが、自分を不幸にするような、自分を暗くさせるようなものを、常識だから正しいのだというような意識を持っている。そうではなく、自分を幸せに導くようなものが本物であり、人生の指針にするべきである。

人と同じだからと
破滅《はめつ》の道を進んでは
いつかは己も
破滅するなり

例えば、長い距離を航海するとしても、その船の羅針盤《らしんばん》が間違った方向を指していたとすると、やはり間違った方へ進んでしまう。間違った方へ進んでいけば、自分の想っている、望んでいる所にはたどり着けないのは当たり前のことである。

人間は必ず幸福というものを求める。それは人間の本能である。幸福に向かおうと心ではそれを望んでいても、自分の持っている知識というものが幸福へ向かわず違った方へ向かっていたのでは、永遠に自分の望んでいる場所へはたどり着けないのである。それさえ気づかない人が、自分は正しい、自分の知識は正しいという自惚《うぬぼ》れ傲慢《ごうまん》さを持っている。まことに情けないことである。

法則という傘をさす人は
土砂降《どしゃぶ》りにも濡れずにすむ
穴だらけの知識の傘では
濡れて当然だ

世にいう大人《おとな》たちに言わん
肉体 成長したなれど
心 未熟《みじゅく》なり
耐える心 知らず
人の喜び 知らず
自己の満足のために生きし人よ
最高と思いし知識
下《げ》の下《げ》にあたるなり
肉体と心の中庸《ちゅうよう》 知らぬ人よ
そは もととなりて

病《やまい》の念 発するなり
ゆえに 肉体 生命《いのち》の知恵にて
そを 正すなり
そは 痛みなり
肉体の生きる力なり
そを他に頼り いやさんとするは
また 病のもととなるなり
反省すべきなり
生かされし幸福を体験させるなり

人はあくまで生かされている存在であり、人間の知識がこの地球、大地、そして空気というものをつくりだしたわけではなく、人間はそこに生かされてあることを忘れてはならない。この地球、大地、空気、水、それはすべて人間の知識がつくりだしたのではなく与えられたものである。その与えられたものを、あたかも人間の所有物のような、自分のものであるかのような間違った常識は、人間を幸福にするものではない。

己のこりかたまった知識を
はがしてみよ
そを 己の心とかんちがいするな
己の心とは知識ではないなり
知識とは
人から聞いただけのものなり

人間は生かされてあり、そして生きる努力をするべきである。その生きる努力とは、自分なりに幸福を追究し、人間の持っている自分の能力を最大限に発揮することである。

その能力も人間に与えられたものであり、十人十色の天分というものがある。天より与えられた使命である天分を全《まっと》うしてこそ初めて生かされている人間であるのに、その間違った知識・常識に振り回され本来の人間の使命を忘れていることが多い。それでは幸福も望めない。

自分の与えられた天分を発揮できるような、自分の能力を開発するような意識を追究し見つけだしてこそ本物である。それが法則である。

人には
持って生まれた
天性 天分があり
己の分をわきまえてこそ
己を生かすなり

その法則を見つけだしたのが青木盛栄《あおきもりえい》である。それは自分の意識、肉体というものにおいて、あくまで実践・実証した哲学であり、それこそが法則である。それは人間の知識というものや、人間のつくりだしたような浅はかなものではなく、天より与えられたひらめき、インスピレーションを受け実証したものである。それを法則として学んでいるのである。

その間違いのない法則を学びながら、まだ自分の常識、自分の持っている知識というものがそれよりも勝っているというような意識を持っている者があるのなら、それはまことに惜《お》しいことであり、せっかく与えられているチャンスも無にしてしまうのである。

人の言葉を聞く時の人間の心は、その人それぞれの心があり、その人それぞれの受け取り方があるが、やはり素直な心で聞き入れることが自分の幸福をつくり、それが自分の未来を明るく楽しくしてくれるのである。だからそれを信じたらよい。

心 多きゆえに
心 うばわれ
心 見失うのだ
今の世は
心 多きゆえに悩み苦しむ
心とは ひとつのものゆえに
ひとつでよい
信ずるものはひとつでよい
多いから迷うのだ

間違った知識・常識というものは、間違っていると気づいた瞬間に捨てなかったら、いつまでも捨てられるものではない。まあこれくらいはいいかというような妥協が、自分の不幸をつくっていることにも気づかない。それではまことに惜しいことである。**間違った常識からは間違った意識が生まれ、間違った結果が生まれる。正しいものからは正しいものが生まれ、正しい結果がある。**それは間違いのない法則である。

今の人に最も必要なものは、やはり本物を見る目、見極《みきわ》める目である。常識がすべて間違っているのではなく、人は間違っている常識を正しいと思い込むこと自体が間違っているのである。本物を見る目というものは、本物を追究する目とも言える。本物を見ようとする目、本物を追究しようとする心があまりにも欠けている。

見極める目とは心であるから、その心、精神をもっと磨き、自分をもっと譜層《ふそう》の高い人間にしてこそ初めて本物が見えてくるのである。そしてその本物は自分を幸福にしてくれるものである。

真実は真理を生む。まず常識のなかの非常識に気づくべきである。

社会は本物に向かいてあるなり
ゆえに 必要とされるは本物なり
たとえ物でありても
人の想念により
つくり出されしものなり
ゆえに 人の喜びのために
物をつくり出してみよ
必ず 必要とされると想念してみよ
必ず 必要とされるものとなるなり

第17章

共に学ぶ教育

子とは
無限の可能性を持つ
箱なり
その箱を開いてやるは
大人の使命なり

現在の教育というものにあたり、まず根本的に**教育とは共に育つと書いて「共育」であり、教えると書いて「教育」であってはならない。**それは教師も子どもに学びを教えることで、その子どもから学び、その子どもから学び取ったものをまた人に伝えていくような、共に学ぶ教育が必要なのである。

　しかし今、教師とは先生と言われる言葉に甘んじ自惚《うぬぼ》れ、本質である教育というものを見失っていることが多い。ゆえに幼少の頃から法則を学べるような施設が、これからの世の中に必要不可欠となるのである。

　子どもとは本来、遊び好きなのが習性であり、遊びのなかからたくさんのことを学んでいくのである。だが今の教育では遊ぶことを重視せず、学ぶ、記憶することに重点をおいているから、今の子どもたちは本来の輝きを失っていることが多い。先進国になればなるほどその現象は多く見られる。

　しかし人は、人として生きるべき道を学ばなければ、学んだ知識も瓦礫《がれき》の山に等しいのである。なぜならば「人は人のためにあり」だからこそ、知識も人のために役に立つ知識でなくてはならない。

現状では自分さえよければよいという知識が多いから、やはり正すべきものである。**知識も人のために役に立ち、また自分を成長させるような知識、自分を幸福に導くような知識でなくてはならない。**自分さえよければというような知識は人間としてまことに低劣である。

山のような言葉の知識も
人のためか否《いな》かにて使ってこそ
本物の言葉なり

今の時代は学歴により知識者を増やすことを望んでいるが、それよりも人のためになる、人の役に立つ人間を多く創造していくことが重要なのである。だからこそ教育の分野でも法則は真《まこと》に重要である。

子どもの可能性を伸ばすべく行動をするのは今の大人たちである。子どもに本来の生きる道をしるしてやるべき大人が、小さな自分のことのみにこだわり、いつまでも自分の殻に閉じこもり、もう過去は存在し得ないのにそれにこだわっていては、やはり子どもも同じような道を進むことになる。

限りない可能性とは心であるから、幼少の頃から心の法則というものに触れ、その法則のなかで育っていく子供たちは、自然に必然的に幸福な人生を送っていける。だからこそ幼少の頃から法則というものに触れるべきである。

天真爛漫《てんしんらんまん》な笑顔に
人は
明るさを取りもどす

第18章

過去の意識からの脱皮

勇気のつるぎで
己の過去の意識を
切り捨ててゆけ
己を不幸にする心を
切り捨ててゆけ
己を幸せにする心のみが
己の心なり

人は過去の自分の未熟さから脱皮し、成熟し完熟していく。過去の意識のままではいつまでも同じ物事に振り回されて、それにより明るくも暗くもなる。だから心に芯のない人は起こることすべてに左右されて、自分を幸せにすることさえできない。まず自分というものをしっかり自己分析し、意識をコントロールしてこそ人なのだ。

自分の過去の意識はどうであったか、それを今一度確認し**絶えず意識を人のためとする**ことが必要である。その意識こそが人のあるべき姿であり、過去の意識からの脱皮なのだ。まだ過去の意識のままならば決断をし、行動することが必要。脱皮しようとしても決断のない人は、また逆戻りし脱皮しないままで終わってしまう。

蝶《ちょう》に脱皮する蛹《さなぎ》のように、美しく生まれ変わらせるために脱皮がある。より自我を取り除き、より粋明《すいめい》になるための人としての努力である。そして壁を乗り越えた時にこそ意識は脱皮し、また更に新鮮な意識が生まれ、一生を明るく楽しく過ごすことができる。

きのうのことは忘れよ
今日はきのうとはちがう日
きのう 起きた失敗は
二度とないと想え
過去に失敗したからといって
今日 失敗するとはかぎらない
きのうの意識を今日に持ちこすから
新鮮な日々をおくれない
今日はきのうとはちがう
新鮮な一日と想え
毎日が楽しくなる
楽しければ
失敗も成功へのふみ台となる
与えられた今日一日は
まっさらな楽しい日

第19章

今が未来をつくる

己の未来は
善いことのみと
決めてみよ
善いことのみと
なるなり

過去にとらわれ今という時を過ごしていたのでは、今という現実を、そして未来という新鮮なものを過去という色に染めてしまうものである。

過去の結果も原因があり、それがすべて結果としてあらわれてきたものである。だから今の原因を未来への善い原因としてこそ、未来は過去にはない新鮮なものとなる。今という時に過去と同じ原因をつくっていたのでは、同じ結果を繰り返すものである。

過去を反省し
そを　未来へのよい栄養剤としてみよ
また一歩前進する

過去は過去であり今は今である。今という時は、すべて未来へ向かっているのであり過去へ向いているのではない。未来へ向かっている自分の心・意識を、善い原因にしようとすることが重要であるのにもかかわらず、過去にとらわれその意識を引き摺《ず》る。また自分の未来には、過去と同じようなことが訪れるのだと決めつけている。意識が新鮮な未来を過去という色に染めているのである。

もともと人間の知識では未来を知ることはできない。未来は人間の知識・常識にて計れるものではない。それを人間は、過去がこうだから未来もこうだというような知識により決めつけ、何も色のついていない未来に、自分勝手な人間の自惚《うぬぼ》れで色をつけていくのである。

それがその人間を幸福にするのであればよいが、自分勝手に不安や恐怖というような暗い色を勝手につけているのである。もともと未来に何が起こるかわからないのであるなら、その人間が明るく楽しい日々を得られる色を未来につけていくべきである。

己をせめるのはよせ
己で己の首をしめると
同じことなるぞ
過去はないなり
過去をどれだけ悔《く》やみても
己にはなにもできぬゆえ
未来にむかい
己のあやまち　くりかえさねばよい
ゆえに　過去なるは
己をみがくものよ
もっと己をみがきてみよ

今は未来への原因である。その今という時に、未来を不安に想うことや恐怖に想うこと自体、もうすでに未来への悪い原因となる。今の意識、今の心が重要である。その心が人間の未来をそのようにつくっている。**未来は心に決めた通りになる**のである。

人は善いことばかりの未来へ向かっているのであるから、過去の結果が不幸なら、それは過去の判断が愚かだったということに気づけばそれでよい。もうすでに過去は無いのである。もうすでに未来へ向かっているのである。

善いことばかりの未来に向け、自分の心・意識というものは絶えず新鮮であり続け、過去の意識にとらわれるのではなく、新鮮な未来、まだ何の色もついていない未来へ向けてこそ、その人間の善い判断基準ともなる。

プラス発想、**必ず未来は善くなるのだと心に決めていく**ことが、その人間の未来を明るく楽しく創造していくのである。

想いが未来を創造していく。心が未来を創造していく。それにまず気づくべきである。

過去が未来をつくるのではない、**今が未来をつくる**のである。

明日のわからぬ人である以上
明日は
善いことばかりと心に決めよ
決めた通り
善いことばかりなり

第20章

幸福への道

法則道
天道なり
人道なり
幸福道なり
発展道なり
繁栄道なり
すべての指針なり

幸せになりたければ
幸せになればよい
不幸になりたければ
不幸になればよい
幸せになりたい人よ
心をはなすな
体と心はひとつのもの
その心とは
自分を幸せにしてくれる

自分を不幸にする心とは
自分の心にあらず
しかし自分を幸せにする心は
だれもがもっている
その心こそが魂
人をいかす唯一の心
自分をほろぼす知識の心はすてよ
自然と一体になれる魂を　心を
よく自覚せよ
幸せはだれもが持っている

自分の心とは、自分を幸福にするような、幸福とできるような心こそが自分の本当に持っている心である。

だが他人からの知識や常識として自分の意識のなかに入ってきた言葉を、そのまま自分の心だと思い違いすることが多い。それ自体、自分の心ではない他人からの知識や常識である。その知識が自分を幸せにしてくれるのであれば、それを自分の意識にしていくべきであるが、自分を不幸にするようであるなら、自分の心のなかから排除《はいじょ》するべきである。

陋習《ろうしゅう》意識を捨てればよい
捨てずに持っておるから
己 幸せになれぬのだ
陋習意識が己を幸せにしたか
己の意識とは
己を幸せにするもののみでよい

人間とは生命《いのち》というものを与えられ、それを持って生まれる。**人間の生命自体が幸福**なのである。だから人間は幸福になる道を進むことこそ本来の道であり、自然の法則である。

自然の法則とは、発展・繁栄してこそ法則なのである。そして人の意識も同じように発展・繁栄してこそ自然なのである。

しかし自分を不幸にするような意識を高い次元の意識なのだと思い違いをし、自分を不幸にしているとも知らずに、それを後生大事に抱《かか》え込んで自分なのだと決めている。それでは人間としてまことに情けない生き方である。

自分の意識とは自分のなかから生じるものであり、人からの受け売りは自分の意識ではないということである。自分の意識は絶えず幸福に向かって進むのが自然である。その自然を歪《ゆが》めるような知識や、人からのコピー的知識が自分のなかにあると気づいた時、それを排除すべきである。

心　軽きゆえ
上へ上へとのぼるなり
高き譜層《ふそう》へとのぼるなり
己の心をしばりつける
常識　知識をはなしてみよ
心　軽きなり
心　うきうきするゆえ
心　うくなり

人の本来の心とは法則である。だからこそ人間は法則に従い生きることこそ自然であるが、法則ではない人間のつくりだした自我によってその道を歪めることは、まさしく人間の生命体自体をも歪めることになるのである。

法則とは幸せの道なり
が 人は法則を否定する
己の幸せまでも否定するのか
かなしきことよ
己で己を
不幸へみちびいていることを気づかず
己は己的《おのれてき》あさき考えで
自惚《うぬぼ》れ 傲慢《ごうまん》 虚飾《きょしょく》を
正しきとかんちがいする人よ
われは すべての人に
幸せを与えておることに気づけ

また天変地異《てんぺんちい》と同じように、肉体にも自然治癒《しぜんちゆ》が起こり必要のないものは淘汰《とうた》される。それは人間の力により成せることではなく、自然の力、大自然の力により自然淘汰されるのである。

肉体の変化に
人はあれこれ不安を持つが
変化も自然なり

自分の意識は、自分からつくり出す意識こそ本物であり、自分の意識なのである。それは体験である。**自分の体験したことこそ自分の意識である**といえる。

多くの言葉を知っているだけでは何の役にも立たない。まずは知識から得ることも必要であるが、その知識を活かす、自分をプラスにしていくような知識を自分の体験としていくことが必要である。その体験こそ間違いのない自分の意識になっていく。

だが知らなければ体験することも不可能であるから、まず知識として知る。そして知識として知ったことを行《ぎょう》として行《おこな》う。知行《ちぎょう》が合一《ごういつ》してこそ自分の知識、自分の体験、自分の心となっていくのである。

理論が整然と整っていても
そこに知行が合一していなかったら
空論に終わる
知と行は同一なり

人間は幸福を必ず求めるものであるから、幸福になれる知識、法則を自分のものとしていくことは最も重要である。人から聞いたコピー的知識を、あたかも自分が優《すぐ》れているかのように自慢《じまん》げに話をしたところで誰も感動をおぼえないのである。

人生とは喜びがあり感動があり、そして幸福がある。やはりそういった人生を進むべきである。だからこそ自分の身になるような、自分の細胞となるような意識を持つことが重要である。

コピー的知識であっても長い年数それを習慣として行ってくれば、その心が自分の心であると思い違いをすることもある。しかしもともと自分の心でないものであれば、それを排除することは可能である。それは心に決めることである。未来は必ず善いのだと決める。そうしてこそ自分の意識を法則に照らし合わせることができ、自分の意識は法則に合った意識になるのである。

人間の心自体、法則である。だからその法則とは違ったことを自分が思い、行動しているのなら、間違いなくそれは報《むく》いを受ける結果になる。どれだけ人をごまかせても、どれだけ人に嘘《うそ》をついても、自分自身は絶対にごまかせない、**自分には嘘はつけない**ということである。

だからこそ人間は法則の心であるべきである。それが自分の心であるのなら、必ず幸福になっていくことも間違いない事実である。

人間はたえず未来の想念へと向かい
進みてあるものであるが
その想念に向かいてゆく時に
困難 苦難というものが
天より与えられる
それにより己の想念は
どれだけ不動であるか否《いな》かを
試《ため》されるなり

そを すべて乗りこえ 耐えきって
想念のみを観《み》ていける己あれば
明るい楽しい善いことのみの日々《にちにち》を
人間の想念に決めることができる
それは人間に与えられた

すばらしい可能性 能力というものであり
それにより必ず人間には
想念という目的地に向かい
到達できるように生かされてあるなり
ゆえに 人間は
困難 苦難をどうのりきるか
どう生きるか
どう想い生ききるかが
最高の幸福である
それは 人間とは
最高の快楽の極致《きょくち》に
生かされてある証《あかし》として
あるからなり

この書は、四十一億四千万光年の彼方より送信された、人類への愛のメッセージである。

一九九五年七月二十五日、人に限りなき愛を貫き通した青木盛栄《あおきもりえい》は、この地球上から消えていった。十ヵ月後、盛栄の残したNPO法人 日本燦《さん》クラブのメンバーの一人がメッセージを受信した。共に過ごした私は、盛栄からの言葉に間違いないことを確信した。

人が好きで、人のために生き抜いた盛栄のことは、「奇跡の人と人生ふたり旅」に生い立ちから書かれている。（明窓出版より発刊）是非ご一読を……。

青木盛栄《あおきもりえい》哲学とは

宇宙には法則という自然の摂理《せつり》が存在する。その法則とは目にみえるものでも言葉でもない。宇宙のリズムなのである。その法則を見つけだしたのが青木盛栄《あおきもりえい》であり、人に伝えるために言葉として存在するものが青木盛栄哲学である。これは人間の思考により構築したものではなく、天より与えられたひらめき、インスピレーションを受け、それを自分自身で実践·実証し、間違いのないものとして確立したものである。この哲学は、純粋に「人に幸せになってもらいたい」という人類愛の教えであり宇宙の法則である。

NPO法人日本燦クラブとは

日本燦クラブは1992年に設立され、「健康」「繁栄」「平和」をキーワードに、心の学びを通じて幸せな社会の実現を目指している。2004年にNPO(特定非営利活動法人)となる。青木盛栄哲学をベースに全てをプラス発想に転換し、明るく平和な社会実現のため会員相互の体験を通じて学んでいる。勉強会は中小企業の社長·社員、親子、兄弟、夫婦、個人など誰もが自由に参加でき、家庭的な温もりのある雰囲気に包まれ、全国各地で各種セミナー、講演会を開催している。また、書籍の出版活動なども活発に行っている。

NPO法人日本燦クラブ本部事務局
〒617-0002 京都府向日市寺戸町寺山12-1
TEL　075-934-6395
FAX　075-934-6396
http://www.sunclub.or.jp

青木盛栄

1917年　高知県中村市に生まれる
1919年　神隠しに遭う。息絶えた体となって帰るも、母の命懸けの愛で蘇生
1932年　高知市内を荷車で荷物を運ぶ途中、トラックの下敷きとなり死亡と宣告されたが奇跡的に二度目の蘇生
1937年　スレート瓦を発明し大ヒットとなる。その後、青木産業株式会社設立(木材·薪炭業)。南海大地震に遭遇し一切の財を失う。発明·工夫が開花し事業家として大成功を収める
1965年　腎臓結石·心臓弁膜症·高血圧·直腸癌など、病魔にとりつかれ危篤状態となるが、一瞬にして全ての病が消滅。三度目の蘇生。その後、会社経営を全て放棄し、病気を癒す能力、透視·予知·読心等の超能力を発揮し、人を救うための活動を開始
1971年　岐阜県美濃に研修場を建設。夫婦にて人類救済活動をスタート。超深層心理学の研究に携わる
1976年　突如としてトランス状態に陥り無意識の中で高度な内容の言葉が発せられる。その後2年半続き「天言録」として発刊
1981年　病気癒しでは人の意識改革は出来ないと悟り人の意識改革を目指し全国各地で啓蒙活動を行なう。後にNPO法人日本燦クラブとなる団体を創設
1995年　京都府長岡京の自宅にてこの世を去る。主な著書「天言録」「運命をひらく奇蹟の言葉」「大楽天主義」「七色の言葉」など
2008年　NPO法人日本燦クラブ会館オープン

青木寿恵

1926年　大阪府に生まれる
1965年　手描き更紗の研究、創作活動開始
1975年　東京銀座 和光主催により個展（同79・84・88・92・00）
1977年　日本文化使節としてイタリア（ローマ）·ドイツ（ケルン·ベルリン）より招聘され寿恵更紗展開催
1979年　日加修好50周年記念に日本文化使節としてカナダ政府より招聘され寿恵更紗展開催
1984年　愛媛県立美術館主催により寿恵更紗展開催
1986年　名古屋市立博物館にて寿恵更紗展開催
1993年　日仏文化経済交流日本代表としてリール市オペラ座にて講演·寿恵更紗展開催
1995年　ユネスコ平和50周年記念にフランス·ユネスコ本部より招聘され寿恵更紗展開催
2004年　NPO法人日本燦クラブの顧問となる
2008年　寿恵更紗ミュージアムオープン。年2回展覧会開催
2010年　京都府長岡京にてこの世を去る。主な著作「更紗 青木寿恵作品集Ⅰ、Ⅱ、Ⅲ」「想念実現」「奇跡の人と人生ふたり旅」など

大《だい》楽天《らくてん》主義《しゅぎ》

しあわせの羅針盤《らしんばん》

青木盛栄《あおきもりえい》

明窓出版

受信者＝青木剛
編集＝NPO法人日本燦クラブ出版部
挿絵＝青木寿恵

平成十九年十一月十一日　初刷発行
令和元年五月一日　第二刷発行

発行者――麻生 真澄
発行所――明窓出版株式会社

〒一六四―〇〇一二
東京都中野区本町六―二七―一三
電話　（〇三）三三八〇―八三〇三
FAX（〇三）三三八〇―六四二四
振替　〇〇一六〇―一―一九二七六六

印刷所――シナノ印刷株式会社

落丁・乱丁はお取り替えいたします。
定価はカバーに表示してあります。

ISBN978-4-89634-223-9